តើថ្នាំដុសធ្មេញចូលទៅក្នុងបំពង់ដោយរបៀបណា?

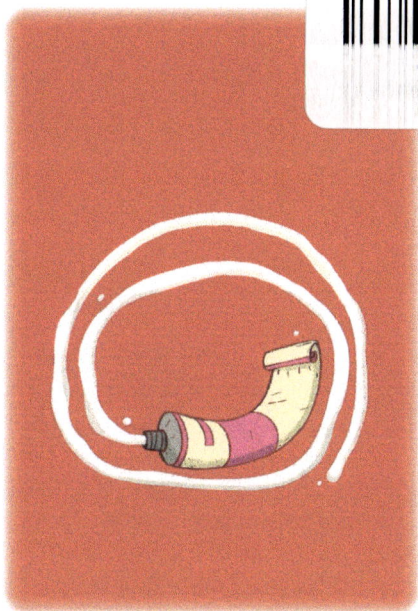

ដោយ Veena Prasad

គូររូបដោយ Rajiv Eipe

Library For All Ltd.

The Asia Foundation

តើផ្ដាំដុសធ្មេញចូលទៅក្នុង បំពង់ដោយរបៀបណា?

ឆ្នាំ1970 នៅក្នុងទីក្រុងញ៉ូឡុងដុង រដ្ឋខននិកធី
ខាត់ សហរដ្ឋអាមេរិក នាម៉ោង 7 ព្រឹកក្មេងៗក្រុរ
បានគេដាស់ឱ្យភ្ញាក់ពីគេង។ ម្នាយពួកគេឱ្យឈើ
និងក្រឡាផ្គាំដុះធ្មេញ ហើយតើនពួកគេឱ្យទៅ
ដុះធ្មេញ

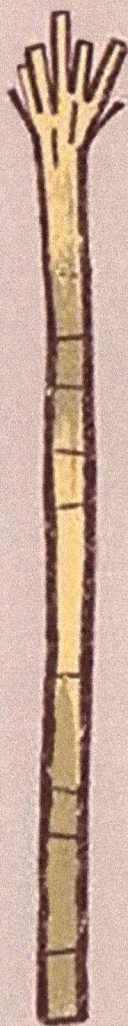
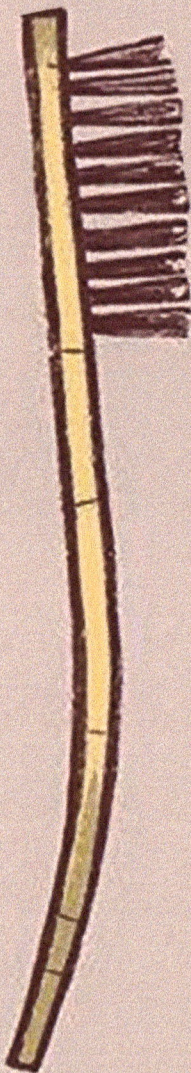

4

អីគេ? តើខ្ញុំនិយាយអី? "ឈើដុះធ្មេញ?" ត្រូវហើយ! ឈើដុះធ្មេញត្រូវបានគេប្រើប្រាស់នៅក្នុងអំឡុងឆ្នាំ1870។ ឈើដុះធ្មេញនោះជាឈើដែលមានចុងរាវត់រវិកៗ និងសើមម៉ែ។ ក្នុងខ្លះមានសំណាងក៏មានឈើដុះធ្មេញដែលជាសសៃរោមជ្រូកចងភ្ជាប់នៅខាងចុង ដើម្បីជួយឱ្យធ្មេញភ្លឺ។

ហើយអ្វីគេមួយទៀតដែលខ្ញុំបាននិយាយ? "ក្រឡ
ថ្នាំដុះធ្មេញ?" ត្រូវហើយ! បំពង់ថ្នាំដុះធ្មេញមិនទាន់
បានកើតនៅឡើយទេ។ ពួកគេប្រើក្រឡ។ ហើយអ្វី
ដែលក្មេងៗធ្វើមុនគេដារៀងរាល់ព្រឹកគឺដ្រលក់
ឈើចូលទៅក្នុងក្រឡប់សីទ្យែន ដែលដាក់ថ្នាំ
ដុះធ្មេញ។

ជាការពិតណាស់សមាជិកគ្រួសារទាំងអស់ធ្វើដូចគ្នា
គឺជ្រលក់ឈើដុះធ្មេញទៅក្នុងឯបសីរទ្យេន។ យាយជី
ដូនមួយក៏ដូចគ្នាដែរ។ គាត់មានធ្មេញពណ៌ខ្មៅ
ហើយលឿងដែលឈើដុះធ្មេញគាត់ក៏ត្រូវគ្នាជាមួយ
ធ្មេញគាត់ទៀត។

ព្រឹកមួយ មានសំឡេងស្រែកបែបខ្លើមរអើម
ចេញពីផ្ទះគ្រូពេទ្យធ្មេញមួយ។ "អ៊ីក...!" វាជា
សំឡេងរបស់លួសីសដែលជាកូនប្រុសរបស់
ពេទ្យធ្មេញឈ្មោះ ហ្សែរហ្ស៊ីស។

លូសីសមិនព្រមជ្រលក់ឈើចូលក្នុងក្រឡាថ្នាំដុះ
ធ្មេញនោះទៀតទេ ហើយតាំងពីពេលនោះមក
ក៏សម្រេចចិត្តប្រើម្សៅថ្នាំដុះធ្មេញ។ ប៉ុន្តែលូសីស
តែងគិតថា វាគ្រវែតមានវិធី។

ប៉ុន្មានឆ្នាំក្រោយមក លូសីសបានទៅទីក្រុងប៉ារីស
ដើម្បីសិក្សាពីវិទ្យាទន្តសាស្ត្រ។ នៅទីនោះគាត់
បានឃើញវិចិត្រករកំពុងច្របាច់ថ្នាំពណ៌ពីបំពង់
លោហៈទៅដាក់គូររូប។ ហេតុអ្វីបានជាយើងមិនប្រើ
ថ្នាំដុសធ្មេញតាមវិធីនេះដែរទៅ?

12

គាត់ប្រញាប់ត្រលប់ទៅផ្ទះវិញ ហើយចែករំលែក
គំនិតនេះជាមួយឪពុកគាត់។ ឪពុកគាត់យល់ថា
គំនិតរបស់គាត់ពិតជាអស្ចារ្យណាស់។

13

អ្វីដែលលំបាក់នោះ គឺថាតើធ្វើយ៉ាងណាដើម្បីយក ថ្នាំដុះធ្មេញចេញពីក្រឡ ហើយច្រកចូលក្នុងបំពង់ តាមមាត់ដំគូចនោះ។ តើអ្នកយល់ថា លួសិសនឹង ធ្វើយ៉ាងណាដើម្បីច្រកថ្នាំដុះធ្មេញចូលក្នុងបំពង់ ទទេមួយបាន? តើអ្នកគិតយ៉ាងណា ប្រសិនបើ អ្នកច្របាច់ថ្នាំដុះធ្មេញច្រើនពេកទាំងអ្នកនៅ មមីមមើនៅទ្បើយនោះ ហើយថ្នាំដុះធ្មេញនៅ ពាសពេញជើងលុបមុខ ហើយម្ដាយរបស់អ្នក កំពុងតែរៀនអ្នកថាទ្បានសាលានឹងមកដល់មុខផ្ទះ ក្នុងពេល 20 នាទីក្រោយ នោះគឺម្ដាយអ្នកនឹងខឹង យ៉ាងខ្លាំងពេលឃើញអ្នកធ្វើឱ្យប្រឡាក់ ហើយអ្នក នឹងធ្វើយ៉ាងណាដើម្បីច្រកថ្នាំដុះធ្មេញទាំងនោះ ចូលក្នុងបំពង់វិញ? តើអ្នកគិតថាលួសីស និង ខុពុកគាត់ប្រើវិធីធ្វើដើម្បីច្រកថ្នាំដុះធ្មេញចូលក្នុង បំពង់? ប្រដាប់ក្បាល់ត្រចៀក? ឬកូនស្លាបព្រា តូចឆ្មារ? ឬឈើចាក់ធ្មេញ?

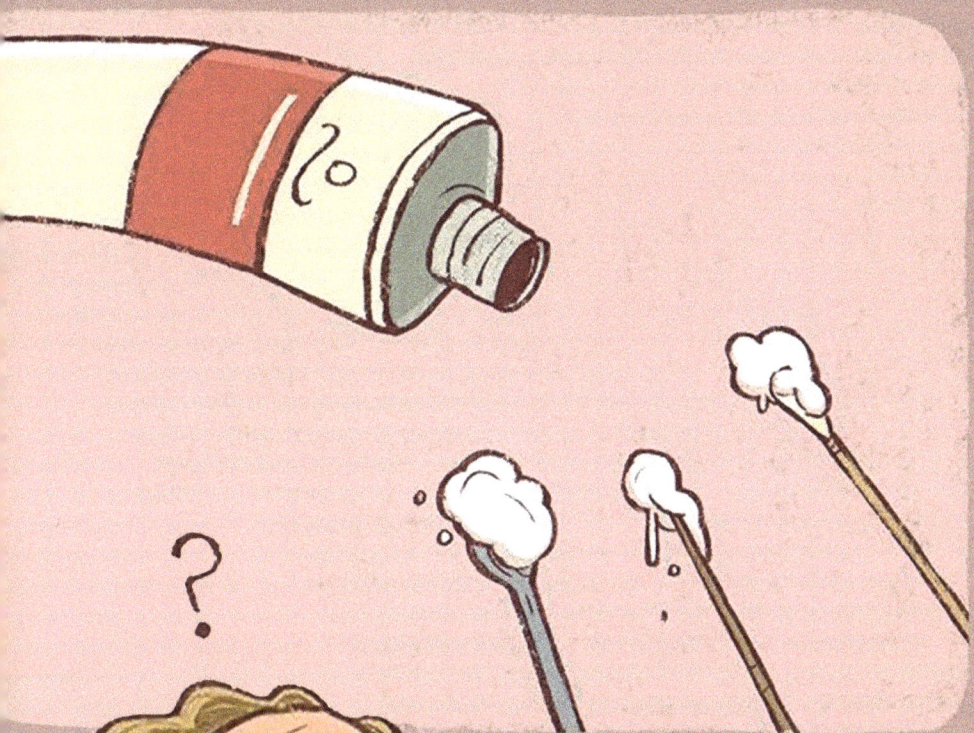

រាមិនពិបាកដូចអ្វីដែលអ្នកបានគិតនោះទេ ព្រោះអ្វីដែលពេឡ្យធ្វេញហ្វ្រូវហ្វ៉ិល និងក្រុមរបស់គាត់បានធ្វើគឺមិនបើកតម្រប់ទេ។ ត្រឹមត្រូវហើយ ពួកគាត់រក្សាតម្រប់នៅបិនជិតដដែល ហើយ បើកច្រកតាមមាត់បំពង់នៅចុងម្ខាងទៀត! រា ប្រាកដជាងាយស្រួលជាង ដោយច្រកចូលបំពង់ តាមច្រកមាត់ផំ ជាពិសេសបើមានវិធីសម្រាប់ ប្របាច់ថ្នាំនោះចូលបំពង់ ដូចជាសីរ៉ាងជាដើម។ ជាចុងក្រោយ អ្វីដែលយើងត្រូវធ្វើ គឺបិទមាត់នោះ ឱ្យជិតនោះថ្នាំដុះធ្វេញនឹងមិនចេញមកទេ។

បច្ចុប្បន្ន បំពង់ថ្នាំដុះធ្មេញត្រូវបានចាក់បំពេញ ដោយប្រើម៉ាស៊ីន។ បំពង់ទទេទាំងអស់ត្រូវតម្រង ជាជួរនៅលើខ្សែចរវាក់ចល័តមួយដោយដាក់ ក្បាលបំពង់បិនដិតចុះក្រោម ហើយដាក់ផ្នែកចំហ ឡើងលើ។ ធុងដ៏ធំមួយពេញទៅដោយថ្នាំដុះធ្មេញ ត្រូវបានដាក់នៅពីលើខ្សែចរវាក់នោះ។

នៅពីក្រោមធុងផ្ទុះធ្លេញត្រូវបានចាក់ឲ្យ
ចូលក្នុងបំពង់នៅពេលដែលបំពង់ផ្លាស់ទីតាមខ្សែ
ច្រវាក់ចលិតនោះ។

ប៉ុន្តែថ្វាំដុះធ្មេញមិនត្រូវបានបំពេញឱ្យពេញនោះ
ទេ។ ចន្លោះប្រហែលមួយសង់ទីម៉ែត្រ ត្រូវបានទុក
ដើម្បីបិទគម្រប។ ពេលនេះបំពង់រួចរាល់សម្រាប់
បិទហើយ។

វិធីបុរាណរបស់ជនជាតិឥណ្ឌា ដើម្បីធ្វើឱ្យធ្មេញស្អាត មនុស្សជាច្រើនបានប្រើដាទុន កែមនីម ឬដើមបាប៊ូល ជំនួសឧ្យប្រាស់ដុះដែលផលិតដោយម៉ាងចក្រ។ ដាទុនធ្វើឱ្យធ្មេញ និងអញ្ចាញមានសុខភាពល្អ។ ប៉ុន្តែតើអ្នកដឹងទេថា ប្រាស់ដុះធ្មេញអ្វីដែលល្អបំផុត? នោះគឺចង្កូលម្រាមដៃរបស់អ្នក នេះប្រើតាមយោបលរបស់ទន្តបណ្ឌិត។ វាល្អបំផុតសម្រាប់ធ្មេញ និងអញ្ចាញ។ ចុះអ្នកធ្លាប់ ប្រើម្សៅដុះធ្មេញទេ? តើអ្នកបានសង្កេតដឹងក្លិនអ្វី ដែលភ្ជាប់ជាមួយម្សៅនោះទេ? ខ្ញុំសជ និងគ្រឿងទេស ដែលល្អសម្រាប់ធ្មេញមាន ជីអង្គាម ផ្កាគ្លូវ ឈើអែម ម្រេចខ្មៅ និងម្រះព្រៅ។ ការបរិភោគផ្លែឈើដែល មានជាតិសសៃច្រើន និងបន្លែដួចជាផ្លែប៉ោម និង ការ៉ុតគឺល្អណាស់សម្រាប់សម្ពាតធ្មេញ។

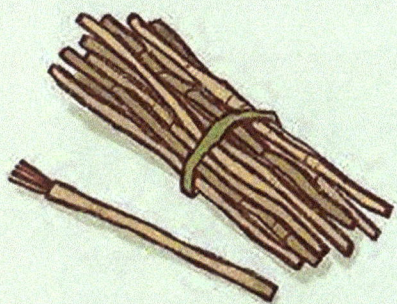

លេងសប្បាយជាមួយគម្របបង្ខាំងុះធ្លេញ។

អ្នកអាចប្រើសំណួរទាំងនេះដើម្បីនិយាយអំពីសៀវភៅនេះជាមួយគ្រួសារ មិត្តភក្តិ និងគ្រូរបស់អ្នក។

តើអ្នកបានរៀនអ្វីខ្លះពីសៀវភៅនេះ?

ពិពណ៌នាសៀវភៅនេះក្នុងមួយពាក្យ។ កំប្លែង? គួរឱ្យខ្លាច? ចម្រុះពណ៌? គួរឱ្យចាប់អារម្មណ៍?

តើសៀវភៅនេះធ្វើឱ្យអ្នកមានអារម្មណ៍យ៉ាងណាពេលអានចប់?

តើមួយណាជាផ្នែកដែលអ្នកចូលចិត្តជាងគេនៃសៀវភៅនេះ?

ទាញយកកម្មវិធីអ្នកអានរបស់យើង។
getlibraryforall.org

អំពីអ្នករួមចំណែក

បណ្ណាល័យសម្រាប់ទាំងអស់គ្នា ធ្វើការជាមួយអ្នកនិពន្ធ និងអ្នកគំនូរមកពីជុំវិញពិភពលោក ដើម្បីបង្កើតរឿងប្លែកៗ ពាក់ព័ន្ធ និងគុណភាពខ្ពស់សម្រាប់អ្នកអានវ័យក្មេង។

សូមចូលមើលគេហទំព័រ libraryforall.org សម្រាប់ព័ត៌មាន ចុងក្រោយបំផុតអំពីព្រឹត្តិការណ៍សិក្ខាសាលារបស់អ្នកនិពន្ធ គោលការណ៍ណែនាំការដាក់ស្នើ និងឱកាសថ្មីប្រឌិតផ្សេងទៀត។

តើអ្នកចូលចិត្តសៀវភៅនេះទេ?

យើងមានរឿងដើមដែលរៀបចំដោយអ្នកជំនាញរាប់រយ
រឿងទៀតដើម្បីជ្រើសរើស។

យើងធ្វើការក្នុងភាពជាដៃគូជាមួយអ្នកនិពន្ធ អ្នកអប់រំ
ទីប្រឹក្សាប្បធម៌ រដ្ឋាភិបាល និង NGOs ដើម្បីនាំមកនូវ
សេចក្តីវិករាយនៃការអានដល់កុមារគ្រប់ទីកន្លែង។

តើអ្នកដឹងទេ?

យើងបង្កើតផលប៉ះពាល់ជាសាកលក្នុងវិស័យទាំងនេះ
ដោយប្រកាន់យកគោលដៅអភិវឌ្ឍន៍ប្រកបដោយចីរភាព
របស់អង្គការសហប្រជាជាតិ។

libraryforall.org